Grandeza,
o el problema de la talla

T0047968

Editorial Gustavo Gili, SL

Rosselló 87-89, 08029 Barcelona, España. Tel. 93 322 81 61
Valle de Bravo 21, 53050 Naucalpan, México. Tel. 55 60 60 11
Praceta Notícias da Amadora 4-B, 2700-606 Amadora, Portugal. Tel. 21 491 09 36

Rem Koolhaas

Grandeza,
o el problema
de la talla

Traducción de Jorge Sainz

GG **mín**ima

Título original: "Bigness, or the Problem of Large", publicado originalmente en Koolhaas,
Rem y Mau, Bruce, *S, M, L, XL,* The Monacelli Press, Nueva York, 1995, págs. 495-516.

Colección **GGmínima**
Directores de la colección: Carmen H. Bordas, Moisés Puente
Diseño: Toni Cabré/Editorial Gustavo Gili, SL

© de la traducción: Jorge Sainz
© del texto: Rem Koolhaas
de esta edición
© Editorial Gustavo Gili, SL, Barcelona, 2011

Printed in Spain
ISBN: 978-84-252-2404-1
Depósito legal: B. 13.452-2011
Impresión: Gráficas Campás, SA, Badalona

Rem Koolhaas
**Grandeza,
o el problema de la talla**
1994

A partir de cierta escala, la arquitectura adquiere las propiedades de la Grandeza. La mejor razón para afrontar la Grandeza es la que dan los escaladores del monte Everest: "porque está ahí". La grandeza es la cúspide de la arquitectura.

Parece increíble que el *tamaño* de un edificio por sí solo encarne un programa ideológico, con indepedencia de la voluntad de sus arquitectos.

De todas las categorías posibles, la Grandeza no parece merecer un manifiesto; desacreditada como problema intelectual, se encuentra aparentemente en vías de extinción —como los dinosaurios— debido a la torpeza, la lentitud, la inflexibilidad y la dificultad. Sin embargo, en realidad solo la Grandeza pone en marcha ese *régimen de complejidad* que moviliza toda la inteligencia de la arquitectura y sus campos afines.

Hace cien años, una generación de adelantos conceptuales y tecnologías de apoyo desencadenaron un *big bang* arquitectónico. Al hacer aleatoria la circulación, al cortocircuitar las distancias, al hacer artificiales los interiores, al reducir la masa, ampliar las dimensiones y acelerar la construcción, el ascensor, la electricidad, el aire acondicionado, el acero y, por último, las nuevas infraestructuras formaron un conjunto de mutaciones que provocó una arquitectura de otra especie. El efecto combinado de estos inventos propició unas construcciones más altas y más profundas —más Grandes— de lo que nunca antes se había concebido, con su correspondiente potencial para la reorganización del mundo social: una programación enormemente más rica.

Teoremas

Alimentada inicialmente por la energía irreflexiva de lo puramente cuantitativo, la Grandeza ha sido, durante casi un siglo, una categoría casi sin pensadores, una revolución sin programa.

Delirio de Nueva York insinuaba una "Teoría de la Grandeza" basada en cinco teoremas.

1. A partir de cierta masa crítica, un edificio pasa a ser un Edificio Grande. Dicha masa ya no puede ser controlada por un único gesto arquitectónico,

ni siquiera por alguna combinación de gestos arquitectónicos. Esta imposibilidad provoca la autonomía de sus partes, pero esto no es lo mismo que la fragmentación: las partes siguen estando comprometidas con el todo.

2. El ascensor —con su potencial para establecer conexiones mecánicas, más que arquitectónicas— y su familia de inventos afines invalidan el repertorio clásico de la arquitectura. Las cuestiones de la composición, la escala, la proporción y el detalle son ahora discutibles.

El "arte" de la arquitectura es inútil en la Grandeza.

3. En la Grandeza, la distancia entre el núcleo y la envolvente aumenta hasta el punto de que la fachada ya no puede revelar lo que ocurre dentro. Esa expectativa humanista de la "honradez" está condenada al fracaso: la arquitectura interior y la exterior pasan a ser proyectos separados; una atiende a la inestabilidad de las necesidades programáticas e iconográficas, y la otra —un agente de desinformación— ofrece a la

ciudad la aparente estabilidad
de un objeto.

Donde la arquitectura desvela,
la Grandeza desconcierta; la
Grandeza transforma la ciudad, que de formar una suma
de certezas pasa a ser una
acumulación de misterios.
Lo que se ve ya no es lo que
se tiene.

4. Gracias al tamaño por sí
solo, esos edificios entran
en un ámbito amoral, más allá
del bien y del mal. Su impacto
es independiente de su
calidad.

5. Conjuntamente, todas estas rupturas —con la escala, con la composición arquitectónica, con la tradición, con la transparencia y con la ética— conllevan la ruptura final y más radical: la Grandeza ya no forma parte de ningún tejido urbano.

La Grandeza existe; como mucho, coexiste. Su subtexto es *que se joda* el contexto.

Modernización
En 1978, la Grandeza parecía un fenómeno de y para el (los) Nuevo(s) Mundo(s). Pero en

la segunda mitad de la década de 1980 se multiplicaron los signos de una nueva oleada de modernización que sepultaría —de un modo más o menos camuflado— el Viejo Mundo y provocaría episodios de un nuevo comienzo incluso en el continente "acabado".

Con el trasfondo de Europa, el impacto de la Grandeza nos obligó a dejar explícito en nuestro trabajo lo que estaba implícito en *Delirio de Nueva York.*

La Grandeza se convirtió en una doble polémica que

enfrentaba los anteriores intentos de aplicar la integración y la concentración, *y* las doctrinas coetáneas que cuestionaban la posibilidad de que el Todo y lo Real fuesen categorías viables, y que se resignaban a la desmembración y la disolución, supuestamente inevitables, de la arquitectura.

Los europeos habían superado la amenaza de la Grandeza al teorizar sobre ella más allá de su punto de aplicación. Su contribución ha sido el "regalo" de la megaestructura, una especie de soporte técnico que lo abarca todo, que lo permite todo y que, en última instancia, cuestionó el estatus del edificio singular:

una Grandeza muy segura, cuyas verdaderas implicaciones excluyen su aplicación. El *urbanismo espacial* (1958) de Yona Friedman era emblemático: la Grandeza flota sobre París como una manta metálica de nubes que promete una potencial renovación, ilimitada pero desenfocada, de "todo", pero que nunca toca tierra, nunca se encara, nunca reivindica su lugar legítimo; es la crítica como decoración.

En 1972, el Beaubourg —un *loft* platónico— había propuesto espacios donde "cualquier cosa" era posible. La flexibilidad resultante quedó desenmascarada como la imposición de un promedio teórico a expensas tanto del carácter como de la precisión: *entidad* al precio de *identidad.* De un modo perverso, su puro carácter demostrativo excluía esa neutralidad genuina que se había hecho realidad sin esfuerzo en los rascacielos americanos.

Tan marcada quedó la generación de Mayo del 68, *mi* generación —sumamente inteligente, bien informada, correctamente traumatizada por cataclismos escogidos, franca en los préstamos tomados de otras disciplinas—, debido al fracaso de este y otros modelos similares de densidad e integración —por su insensibilidad sistemática a lo particular—, que propuso dos importantes líneas de defensa: el desmantelamiento y la desaparición.

En el primer caso, el mundo se descompone en fractales de singularidad incompatibles, cada uno de los cuales es un pretexto para una desintegración adicional del todo: un paroxismo de fragmentación que convierte lo particular en un *sistema.* Detrás de esta fractura del programa conforme a las partículas funcionales más pequeñas asoma la venganza perversamente inconsciente de esa vieja doctrina de "la forma sigue a la función", que impulsa implacablemente el contenido del proyecto —tras juegos pirotécnicos de sofisticación intelectual y formal— hacia el anti-clímax del diagrama, doblemente decepcionante puesto que su estética sugiere la rica orquesta-ción del caos. En este paisaje de desmembramiento y desorden fingido, cada actividad se *pone en su lugar.*

Las hibridaciones/proximidades/ fricciones/coincidencias/superpo-siciones programáticas que son posibles en la Grandeza —en rea-lidad, todo el aparato del *montaje* inventado a comienzos del siglo xx para organizar las relaciones entre partes independientes— están siendo desmontadas por un sector de la vanguardia actual en composiciones de una pedantería y una rigidez que casi dan risa tras su aparente desenfreno.

La segunda estrategia, la desaparición, trasciende la cuestión de la Grandeza —de la enorme presencia— gracias a un compromiso ampliado con la simulación, la virtualidad y la inexistencia.

Un mosaico de argumentos rescatados desde la década de 1960 de sociólogos estadounidenses, de ideólogos, filósofos, intelectuales franceses, cibermísticos, etc., indica que la arquitectura será el primer "sólido que se desvanece en el aire" gracias al efecto combinado de las tendencias demográficas, la electrónica, los medios de comunicación, la velocidad, la economía, el ocio, la muerte de Dios, el libro, el teléfono, el fax, la prosperidad, la democracia, el final de la Big Story...

Adelantándose a la desaparición real de la arquitectura, *esta* vanguardia está experimentando con una virtualidad real o simulada, reivindicando, en nombre de la modestia, su antigua omnipotencia en el mundo de la realidad virtual (¿donde el fascismo puede ejercerse con impunidad?).

Máximo
Paradójicamente, el Todo y lo Real dejaron de existir como posibles iniciativas para el arquitecto justo en el momento en el que el final ya cercano

del segundo milenio presenció una desbandada general hacia la reorganización, la consolidación y la expansión: un clamor en favor de la megaescala. Comprometida en otras cosas, toda una profesión fue incapaz, finalmente, de aprovechar los espectaculares acontecimientos sociales y económicos que —si se hubiesen afrontado— podrían haber restaurado su credibilidad.

La ausencia de una teoría de la Grandeza —¿qué es lo máximo que puede hacer la arquitectura?— es la debilidad más extenuante de la arquitectura. Sin una teoría de la Grandeza, los arquitectos están en la posición de los creadores de Frankenstein: instigadores de un experimento con un éxito parcial, cuyos resultados están haciendo estragos y, por tanto, han quedado desacreditados.

Debido a que no hay una teoría de la Grandeza, no sabemos qué hacer con ella, no sabemos dónde ponerla, no sabemos cuándo usarla, no sabemos cómo planearla. Los grandes errores son nuestra única conexión con la Grandeza.

Pero a pesar de tener un nombre tan simple, la Grandeza es un ámbito teórico en este fin de siglo: en un paisaje de desorganización, desmembración, disociación y descargo, la atracción de la Grandeza radica en su potencial de reconstruir el Todo, resucitar lo Real, reinventar lo colectivo y reclamar la máxima factibilidad.

Solo mediante la Grandeza puede la arquitectura disociarse de los movimientos artísticos/ideológicos ya agotados de la arquitectura moderna y del formalismo para recuperar su instrumentalidad como vehículo de modernización.

La Grandeza reconoce que, tal como la conocemos, la arquitectura se encuentra en dificultades, pero que eso no se compensa mediante regurgitaciones de más arquitectura; lo que propone es una nueva economía en la que ya no "todo es arquitectura", sino en la que se recupera una posición estratégica mediante la retirada y la concentración, y se cede el resto de un territorio disputado a las fuerzas enemigas.

Comienzo
La Grandeza destruye, pero también es un nuevo comienzo; y puede reensamblar lo que rompe.

Una paradoja de la Grandeza es que, pese al cálculo que entra en su planificación —en realidad, a través de sus propias rigideces— es la única arquitectura que se las ingenia para afrontar lo imprevisible. En lugar de forzar la coexistencia, la Grandeza depende de regímenes de libertades: es la agrupación de las máximas diferencias.

Tan solo la Grandeza puede sustentar una proliferación promiscua de acontecimientos en un único contenedor. Lo que desarrolla son estrategias para organizar tanto su independencia como su interdependencia dentro de una entidad mayor, en una simbiosis que exacerba su especificidad, más que comprometerla.

Mediante la contaminación, más que la pureza, y mediante la cantidad, más que la calidad, tan solo la Grandeza puede soportar relaciones genuinamente nuevas entre entidades funcionales que se expanden, en vez de limitar sus identidades. La artificialidad y complejidad de la Grandeza libera la función de su armadura defensiva para permitir una especie de licuefacción; los elementos programáticos reaccionan unos con otros para crear nuevos acontecimientos: la Grandeza vuelve a un modelo de *alquimia* programática.

A primera vista, las actividades acumuladas en la estructura de la Grandeza *exigen* interactuar, pero la Grandeza también las mantiene separadas. Al igual que las barras de plutonio que, en función de cuánto estén sumergidas, se desactivan o provocan una reacción nuclear, la Grandeza regula las intensidades de la coexistencia programática.

Aunque la Grandeza es un esbozo de la intensidad perpetua, también ofrece diversos grados de serenidad e incluso de insipidez. Resulta sencillamente imposible infundir intencionalidad en toda su masa. Su vastedad agota esa necesidad compulsiva que tiene la arquitectura de decidir y determinar. Las zonas quedarán excluidas, libres de arquitectura.

Equipo
La Grandeza es donde la arquitectura llega a ser arquitectónica en sus grados máximo y mínimo: máximo, por la enormidad del objeto; mínimo, debido a la pérdida de autonomía; se vuelve un instrumento de otras fuerzas, *depende.*

La Grandeza es impersonal: el arquitecto ya no está condenado al estrellato.

Incluso cuando la Grandeza entra en la estratosfera de la ambición arquitectónica —el puro escalofrío de la megalomanía—, puede alcanzarse tan solo a costa de renunciar al control, a costa de la transformación.

La Grandeza implica la existencia de una red de cordones umbilicales con otras disciplinas cuya actuación es tan crítica como la del arquitecto: como escaladores de montañas unidos por cuerdas salvavidas, los creadores de Grandeza son un *equipo* (una palabra no mencionada en los últimos cuarenta años de polémica arquitectónica).

Más allá de la marca, la Grandeza significa rendirse a las tecnologías; a los ingenieros, contratistas y fabricantes; a los políticos; y a otros. La Grandeza promete a la arquitectura una especie de estatus posheroico: una realineación con la neutralidad.

Bastión
Si la Grandeza transforma la arquitectura, su acumulación genera una nueva clase de ciudad. El exterior de la ciudad ya no es un escenario colectivo donde pasa "algo"; ya no queda ese "algo" colectivo. La calle se ha convertido en un residuo, en un dispositivo organizativo, un mero segmento de ese plano continuo metropolitano donde los restos del

pasado se enfrentan a los equipamientos de lo nuevo en un incómodo callejón sin salida. La Grandeza puede existir en *cualquier parte* de ese plano. No es solo que la Grandeza sea incapaz de establecer relaciones con la ciudad clásica —*como mucho, coexiste con ella*—, sino que, por la cantidad y complejidad de los servicios que ofrece, es en sí misma urbana.

La Grandeza ya no necesita la ciudad: compite con la ciudad; representa la ciudad; se adelanta a la ciudad; o mejor aún, *es* la ciudad. Si el urbanismo genera un potencial y la arquitectura lo explota, la Grandeza reúne la generosidad del urbanismo frente a la mezquindad de la arquitectura Grandeza = urbanismo frente a arquitectura.

Debido a su propia independencia del con-texto, la Grandeza es la única arquitectura que puede sobrevivir, e incluso explotar, la situación ahora global de la tabla rasa: no encuentra su inspiración en unos datos que demasiado a menudo se exprimen hasta sacarles la última gota de significado; gravita de un modo oportunista hacia lugares que

prometen las máximas infraestructuras; cons-
tituye, por último, su propia razón de ser.

A pesar de su tamaño, la Grandeza es modesta.

No toda la arquitectura, no todo el programa y
no todos los acontecimientos serán engullidos
por la Grandeza. Hay muchas "necesidades"
demasiado imprecisas, demasiado endebles,
demasiado poco dignas de respeto, demasiado
desafiantes, demasiado secretas, demasiado
subversivas, demasiado "nada" para formar
parte de las constelaciones de la Grandeza.
La Grandeza es el último bastión de la arquitectura: una contracción, una hiperarquitectura.
Los contenedores de la Grandeza serán
hitos en un paisaje posarquitectónico, un
mundo en el que la arquitectura se ha raspado,
igual que la pintura se ha raspado en los cua-
dros de Gerhard Richter: un mundo inflexible,
inmutable, definitivo, allí para siempre, gene-
rado mediante un esfuerzo sobrehumano.
La Grandeza entrega su campo de acción
a la posarquitectura.